LUDWIG VAN BEETHOVEN

SONATE

für Klavier / for Piano

Nr. 8
c-Moll / C minor
Opus 13

Pathétique

Nach den Quellen herausgegeben von / Edited from the sources by
Johannes Fischer

ALLE RECHTE VORBEHALTEN · ALL RIGHTS RESERVED

EDITION PETERS

LEIPZIG · LONDON · NEW YORK

SONATE

Grande Sonate pathétique

Dem Fürsten Carl von Lichnowsky gewidmet

L. van Beethoven (1770-1827)
opus 13
Herausgegeben von Johannes Fischer

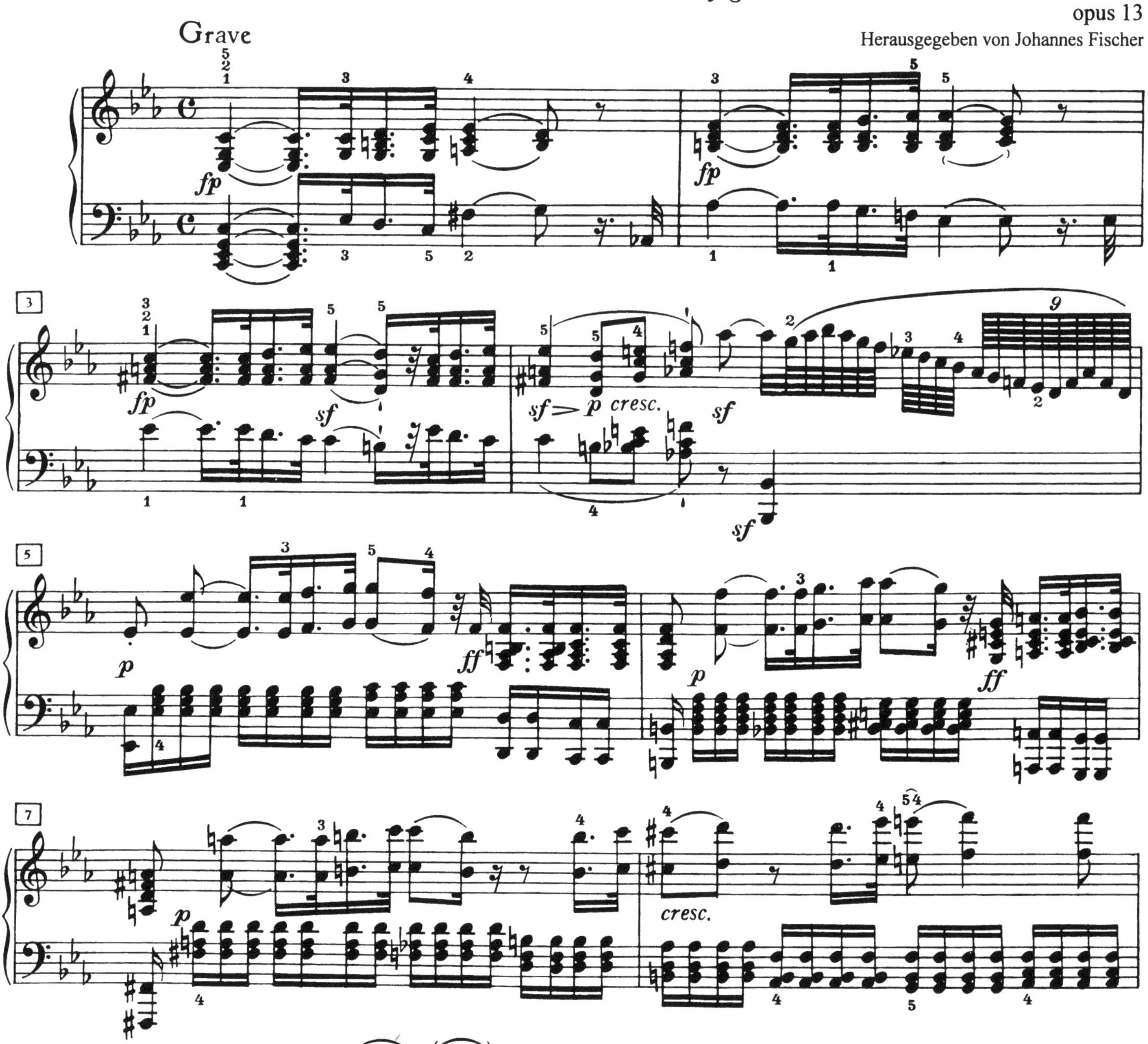

[Attacca subito il Allegro]

RONDO
Allegro

Sonate c-Moll Opus 13. Beethovens Reinschrift, nicht weitergeführt.
Skizzenbuch Landsberg 7, Seite 49. Deutsche Staatsbibliothek zu Berlin,
Preußischer Kulturbesitz, Musikabteilung mit Mendelssohn-Archiv.

KOMMENTAR

Mut. Auch bei allen Schwächen des Körpers soll doch mein Geist herrschen. Fünfundzwanzig Jahre, sie sind da, dieses Jahr muß den völligen Mann entscheiden. – Nichts muß übrigbleiben.

Beethoven, Eintragung 1796/97

Im Dezember 1799 kündigt der Wiener Verlag Franz Anton Hoffmeister eine neue Klaviersonate von Ludwig van Beethoven an. Ihr Titel:
Grande Sonate pathétique / Pour le Clavecin ou Piano-Forte / Composée et dediée / A Son Altesse Monseigneur le Prince / CHARLES DE LICHNOWSKY / par / Louis Van Beethoven / Oeuvre 13.
F.A. Hoffmeister hält sich allerdings seit 1798 in Leipzig auf, um gemeinsam mit Ambrosius Kühnel den Musikverlag *Bureau de Musique* zu gründen, aus dem später das Verlagshaus *C. F. Peters* hervorgeht. Vom Verkaufserfolg der *Grande Sonate pathétique* bewogen, lassen die Geschäftspartner das Werk in ihrem Verlag neu stechen. Diese Leipziger Neuausgabe von 1802 überrascht durch die täuschend ähnliche Nachahmung der originalen Titelseite (geflügelte Göttin mit zwei kleinen Engeln).
In Wien verkauft Hoffmeister die Druckplatten seiner Erstausgabe an den Verleger Joseph Eder. Eder druckt um 1810 die 1. Titelauflage der authentischen Erstausgabe.
Kurz nach der Veröffentlichung der *Grande Sonate pathétique* schreibt Johann Friedrich Rochlitz in der Leipziger *Allgemeinen Musikalischen Zeitung* (Februar 1800):
„Nicht mit Unrecht heißt diese wohlgeschriebene Sonate pathetisch, denn sie hat wirklich bestimmt leidenschaftlichen Charakter. Edle Schwermuth kündigt sich in dem effektvollen, wohl und fließend modulirten Grave aus C-moll an, das den feurigen Allegrosatz, der viel starke Bewegung des ernsten Gemüths ausdrückt, bisweilen unterbricht. In dem Adagio aus As-dur, das aber nicht schleppend genommen werden muß, und sowohl schöne fließende Melodie als Modulation und gute Bewegung hat, wiegt das Gemüth sich ein in Ruhe und Trostgefühl, aus welchem es aber durch das Rondo in dem ersten Ton (Tonart) des Allegro, in beyderley Sinne des Worts, wieder geweckt wird, so daß also das der Sonate zum Grunde gelegte Hauptgefühl durchgeführt wird, wodurch sie selbst Einheit und inneres Leben, also wirklich ästhetischen Werth erhält...".
Die *Grande Sonate pathétique*, seinem Freund und Gönner Carl Fürst von Lichnowsky gewidmet, gehört zu den wenigen Werken, denen Beethoven einen literarischen Titel gibt. Das Wort *pathétique* soll etwas über die kompositorische Idee, die Gestaltung des musikalischen Inhaltes aussagen: Musik zwischen Pathos und Leidenschaft. 1798 manifestiert sich die Diagnose von Beethovens Gehörleiden. Das Ende der Virtuosen-Laufbahn kündigt sich an. Oder gar das Ende des Komponierens? Aus tödlicher Betroffenheit entsteht ein dramatisches Werk mit demonstrativem Titel. Doch hören werden wir keine Abrechnung mit persönlichem Leid, sondern die Ansprache an kollektives Schicksal, die Erinnerung an die „Herrschaft des Geistes". „Nichts muß übrigbleiben"!
Neu ist Beethovens Einsatz der Pause. Sie ist im *Grave* keine Interpunktion oder Trennung zwischen zwei Tönen, sondern bewusste *Stille*, die im Zuhörer das Nachdenken über das soeben Gehörte provoziert. Er steigert diese Wirkung im 1. Satz bis zum letzten Takt, der nur noch eine Pause mit Fermate enthält.
„Er ruft den Hörer auf, an seinem Werk teilzunehmen. Die Pause ist bei Beethoven der Schnittpunkt von Kunst und Wirklichkeit, in dem reale Zeit und musikalische Zeit sich gegenübertreten."(Massin, Lit.).

COMMENTARY

Courage. Even with all the weaknesses of the body, my spirit shall reign. Twenty-five years, there they are; this year must decide the whole man. – Nothing dare remain.

Beethoven, entry 1796/97

In December 1799, the Viennese publisher Franz Anton Hoffmeister advertises Ludwig van Beethoven's new Piano sonata. Its title reads:
Grande Sonate pathétique / Pour le Clavecin ou Piano-Forte / Composée et dediée / A Son Altesse Monseigneur le Prince / CHARLES DE LICHNOWSKY / par / Louis Van Beethoven / Oeuvre 13.
Indeed, since 1798, F.A. Hoffmeister lives in Leipzig to establish together with Ambrosius Kühnel the *Bureau de musique*, the predecessor of the music-publishing company *C. F. Peters*. Prompted by the *Grande Sonate pathétique*'s success in sales, the companions have this work engraved again. This new edition from 1802, surprisingly, duplicates the original Viennese title-page with its winged goddess and two small putti.
In Vienna, Hoffmeister sells the plates of his proper first edition to the publisher Joseph Eder, who prints around 1810 the first title edition (1. Titelauflage) of the authentic first edition.
Shortly after the *Grande Sonate pathétique*'s publication, Johann Friedrich Rochlitz writes in the Leipzig "Allgemeine Musikalische Zeitung" (February 1800):
"It is no wonder that this well written sonata is named "pathétisch", since it truly possesses a marked passionate character. A noble melancholy announces itself in the effective, well and flowingly modulated Grave in the C minor key, which occasionally interrupts the fiery Allegro; the latter expressing the strong impetus of an earnest mental condition. In the A flat major Adagio, which may not be played too heavily, and which also exhibits a flowing melody as well as modulation and good motion, the mind is cradled in a feeling of composure and consolation, out of which it is roused by the Rondo in the first key of the Allegro in the double meaning of the word, and indeed in such a form that the common emotional content of the sonata can develop itself. And thus emerges a unity and an interior life which in turn results in a truly aesthetic value...".
The *Grande Sonate pathétique*, dedicated to his friend and patron Prince Carl Lichnowsky, belongs to the few works which Beethoven provides with a literary title. The word *"pathétique"* announces a compositional idea to form the musical content: music between pathos and passion. In 1798 the diagnosis of Beethoven's hearing problems becomes manifest. Does this mean the end of Beethoven's career as virtuoso, or even the end as composer? Struck with this deadly menace, Beethoven creates a dramatic work with a remarkable title. But the music won't tell us about any personal disputes with FATE. We are collectively addressed by Beethoven's *"spirit shall reign"* and *"Nothing dare remain"*!
What is "new" about *"The Pathétique"*? In the *Grave*, the separation between two musical notes, the rest, becomes deliberate *silence*, thus provoking the audience to reflect over the already recorded. He increases that effect until the last bar of the first movement, which consists of a single rest with a fermata.
"He encourages the listener to participate with his work. With Beethoven, the rest is the point, where the art and the reality are crossing, where the real time and the musical time are confronted." (Massin, see Lit.).
At the same time, the composer parts from the traditional introduction: he integrates the *Grave* completely into the first movement

Gleichzeitig bricht der Komponist mit der traditionellen Einleitung; er integriert sie durchweg in den ersten Satz von Opus 13. Er hebt den Dualismus im Sonaten-Hauptsatz auf durch Hinzufügung dieser dritten Kraft. Dies erfordert die rhythmische Verwandlung des *Grave*-Motivs in der Durchführung:

of op. 13, as to break the dualism in the Hauptsatz by this third force. For that reason, in the development, the motif will be changed as regards to rhythm:

In letzter Konsequenz verzichtet Beethoven auf die besondere Form einer Pause, auf das Atemholen zwischen Grave und *Allegro*. Nicht zufällig erfolgt zweimal die Aufforderung: *attacca subito il Allegro*. Damit gerät das *Allegro di molto e con brio* in der Tat zu „atemberaubender" Musik.

Die Interpretation des *Adagios* wird durch die Überschrift *cantabile* bestimmt. Zu Beginn fehlt eine dynamische Angabe, da es im Ermessen jedes Ausführenden liegt, welcher Anschlag einen „singenden" Ton erzielt:

„...*und ich freue mich lieber* [Streicher], *daß sie von den wenigen sind, die einsehen und fühlen, daß man auf dem Klavier auch singen könne, sobald man nur fühlen kann*,..."

schreibt Beethoven im Herbst 1796 an den Klavierbauer Johann Andreas Streicher. Spielt man das *Adagio* mit ganzer Hingabe, entsteht ein Spannungsfeld, das bis in die dramatischen Episoden des *Rondos* reicht und sich zum Schluß mit großem Temperament entlädt.

Rochlitz anerkennt in Opus 13 ein „Hauptgefühl" als Beleg für die Einheit der Komposition und Ausdruck ihres „inneren Lebens". Da ihm Beethovens *Botschaft* an die Außenwelt verschlossen bleibt, beschränkt sich seine Betrachtung auf eine ästhetische Kategorie.

Consequently, Beethoven dispenses with a customary kind of rest: the breathing space between *Grave* and *Allegro*. Not incidentally it reads twice: *attacca subito il Allegro*. The result is indeed a "breathtaking" *Allegro di molto e con brio*.

The interpretation of the *Adagio* is determined by the word *cantabile*. At the beginning, a dynamic instruction has been left out, because each performer must decide, which touch should be used to reach a *cantabile*, "singing" tone:

"...*and I am delighted dear* [Streicher], *that you are* [one] *of the few who realize and perceive that one can make the pianoforte sing, provided one is able to feel so*,..."

writes Beethoven in the autumn of 1796 to the piano manufacturer Johann Andreas Steiner. If one is playing the *Adagio* with abundance, thence-forth a potential is developing, which reaches into the dramatic episodes of the *Rondo* and culminates at the end of the sonata.

Rochlitz acknowledges a "common emotional content" and an "interior life" in op. 13. Because he is missing Beethoven's *message* to the exterior world, his contemplation is confined to an aesthetic value.

*

Das Manuskript und fast alle Skizzen zu Opus 13 sind verschollen. Eine Skizze zum *Rondo* (Coda) befindet sich unter der abgebrochenen Reinschrift der Sonatine Opus 49 Nr. 1, g-Moll, woraus wohl zu schließen ist, dass die Sonatine noch vor Opus 13 komponiert wurde (Skizzensammlung *Kafka*, fol. 66 r, British Library, London):

The autograph of op.13 and almost all of its sketches are lost. A sketch for the last part of the *Rondo* is written underneath the beginning of the Sonatine op. 49, no. 1 in G minor, which could lead to the conclusion that the *Sonatine* was finished before the Sonata op.13 (The *Kafka* Sketchbook, fol. 66 r, British Library, London):

Erhalten ist neben der wiedergegebenen Skizze zur Coda des *Rondos* noch eine Frühfassung des *Grave*, die nach zwei Takten abbricht (siehe Faksimile). Sie befindet sich zwischen Entwürfen zum 1. Satz der 2. Sinfonie Opus 36 (Skizzensammlung *Landsberg 7*, S. 49, Deutsche Staatsbibliothek zu Berlin, Preußischer Kulturbesitz, Musikabteilung mit Mendelssohn-Archiv).

Auf einem weiteren Skizzenblatt notiert Beethoven Entwürfe zum *Rondo* von Opus 13, zu Opus 9 Nr. 1, und zu WoO 29 (Skizzensammlung *Fischhof, aut. 28*, fol. 41 v, ebenfalls Deutsche Staatsbibliothek zu Berlin).

Für die vorliegende Neuausgabe der Sonate Opus 13 wurde F.A. Hoffmeisters Wiener Erstausgabe von 1799 gründlich überprüft und mit ihren Titelauflagen verglichen. Eine Vielzahl von frühen Nachdrucken wurde durchgesehen. Einzelheiten, die von der Erstausgabe abweichen, werden in den Revisionsbericht aufgenommen.

Die Anregungen des Herausgebers stehen in runden Klammern. Die Klammern der Erstausgabe (Beethovens Schreibweise |: :|) werden mit eckigen Klammern [ ] wiedergegeben.
Beethovens differenzierte Zeichen des Staccato werden im Druck berücksichtigt (Fischer, s. Lit.).

*

Der Herausgeber dankt der Deutschen Staatsbibliothek zu Berlin, Preußischer Kulturbesitz, Musiksammlung mit Mendelssohn-Archiv, für die Genehmigung zum Faksimile-Abdruck von S. 49 aus *Landsberg 7*; dem Beethoven-Archiv Bonn; den Musiksammlungen der Bayerischen Staatsbibliothek München; der Österreichischen Nationalbibliothek Wien, für die Einsicht in ihre Erstausgaben, Titelauflagen und Nachdrucke von Opus 13.

Januar / January 2006

Apart from the above reproduced sketch for the *Rondo* (Coda), an early draft for the *Grave* (see faksimile), broken off after two bars and surrounded by sketches for the first movement of the *Second Symphony* op. 36, is saved (Deutsche Staaatsbibliothek zu Berlin, Preußischer Kulturbesitz, Musikabteilung mit Mendelssohn-Archiv, *Landsberg 7* collection, p. 49).

Another sketch-leaf contains drafts for the *Rondo* in op. 13, for op. 9, no. 1 and for WoO 29 (*Fischhof's* collection of sketches, aut. 28. fol. 41 v, again Deutsche Staatsbibliothek zu Berlin).

In regard to this new edition of the Sonata op. 13, Hoffmeister's first print from 1799 was thoroughly investigated and compared with its title editions (Titelauflagen). In addition, numerous reprints of op. 13 would be studied. Their deviations from the first edition will be included in the revision report (Revisionsbericht).

The editor's suggestions are in round parentheses; parentheses in the first edition (Beethoven's writing |: :|) are reproduced as brackets [ ]. Beethoven's different signs for the Staccato are represented (Fischer, s. Lit.).

*

The editor wants to thank the Deutsche Staatsbibliothek zu Berlin, Preußischer Kulturbesitz with Mendelssohn-Archive, for the permission to reproduce the facsimile of *Landsberg 7, p. 49*; the Beethoven Archive Bonn; the music departments of the Bayerische Staatsbibliothek in Munich; the Österreichische Nationalbibliothek in Vienna; for the admission to their first editions, Titelauflagen and later editions of op. 13.

Johannes Fischer

Literatur / Literature

Ludwig van Beethoven, *Eintragung* (auf einem Skizzenblatt?) 1796-97, zitiert ohne Quellenangabe in: Jean et Brigitte Massin, *Ludwig van Beethoven*. 2. Auflage Paris 1994. Übertragung aus dem Französischen von Christian Mai: *Beethoven. Materialbiographie. Daten zum Werk und Essay*, S. 71. München 1970.

Georg Kinsky und Hans Halm, *Das Werk Beethovens, Thematisch-Bibliographisches Verzeichnis seiner sämtlichen vollendeten Kompositionen*, München 1955.

Alexander Weinmann, *Wiener Musikverleger und Musikalienhändler von Mozarts Zeit bis gegen 1860*, Wien 1956. (Besprechung: Richard S. Hill in *Notes* 1958, S. 396–397.)

Alan Tyson, *Beethoven's "Pathétique" Sonata and its Publisher*, Musical Times (104) 1963, S. 333–334.

Allgemeine Musikalische Zeitung, 2. Jahrgang (1. Oktober 1799– 24. September 1800), Februar 1800, Sp. 373/374. Leipzig 1800.

Pause... Massin, S. 654/655 (deutsch), S. 830 (französisch).

„singender *Anschlag*", in: Sieghard Brandenburg (Herausgeber), *Ludwig van Beethoven, Briefe Band 1 (1783–1807). Briefwechsel, Gesamtausgabe. Im Auftrag des Beethoven-Hauses Bonn herausgegeben*, München 1996. Brief an Johann Andreas Streicher im Herbst 1796, Brief Nr. 22. Ferner: Emily Anderson, *The Letters of Beethoven*, London, New York 1961. Letter Nr. 18.

Joseph Kerman, *Ludwig van Beethoven, Autograph Miscellany from ca. 1786 to 1799, The 'Kafka Sketchbook'*, Faksimile & Transcription (2 Bde.), London 1970.

Karl Lothar Mikulicz, *Ein Notierungsbuch von Ludwig van Beethoven, vollständig herausgegeben und mit Anmerkungen versehen*, Leipzig 1927 (Skizzenbuch *Landsberg 7*). Nachdruck im Verlag G. Olms, Hildesheim-New York 1972.

Hans Schmidt, *Verzeichnis der Skizzen Beethovens*, Beethoven-Jahrbuch 1965–1968, Bonn 1969.

Hans-Günter Klein, *Ludwig van Beethoven. Autographe und Abschriften. Deutsche Staatsbibliothek zu Berlin, Preußischer Kulturbesitz, Musiksammlung mit Mendelssohn-Archiv*, Berlin 1975.

Rudolf Elvers und Hans-Günter Klein, *Beethovens Musik-Autographe in Berlin*, in: Kurt Dorfmüller (Herausgeber), *Beiträge zur Beethoven-Bibliographie, Studien und Materialien zum Werkverzeichnis von Kinsky-Halm*, München 1978.

Douglas Johnson, Alan Tyson & Robert Winter, *The Beethoven Sketchbooks, History, Reconstruction, Inventory*. Oxford 1985.

Paul Mies, *Textkritische Untersuchungen bei Beethoven*, Bonn 1957.

Johannes Fischer, *Das Staccato in Ludwig van Beethovens Klaviersonaten*, in: Günther Weiß (Herausgeber), *Musikalische Aufführungspraxis und Edition*, Schriftenreihe der Hochschule für Musik München (Band 6), Regensburg 1990.

Jaques-Gabriel Prod'homme, *Die Klaviersonaten Beethovens, Geschichte und Kritik*, Übertragung aus dem Französischen von Dr. Wilhelm Kuhlmann, Wiesbaden 1948.

REVISIONSBERICHT

Abkürzungen:

EA Erstausgabe
TA Titelauflage
ND Nachdruck
O. S. Oberes System
U. S. Unteres System

Quellen:
Autograph: verschollen.
Skizzen:
British Library, London: *Kafka'sche Skizzensammlung*, fol. 66r (herausgegeben von Joseph Kerman, s. Lit.).
Deutsche Staatsbibliothek zu Berlin, Preußischer Kulturbesitz, Musiksammlung mit Mendelssohn-Archiv, Skizzensammlung *Landsberg 7* S. 49 (herausgegeben von Karl Lothar Mikulicz, s. Lit.); ferner: Skizzensammlung *Fischhof, aut.28*, fol.41v (s. Lit. Elvers/ Klein).
EA:
Wien 1799 (*Wiener Zeitung* vom 18. Dezember 1799), Titel: *Grande Sonate pathétique / Pour le Clavecin ou Piano-Forte / Composée et dediée / A Son Altesse Monseigneur le Prince / CHARLES DE LICHNOWSKY / par / Louis Van Beethoven / Oeuvre 13. / À Vienne chez Hoffmeister*. Ohne Verlags- und Platten-Nummer, keine Preisangabe. Musiksammlung der Bayerischen Staatsbibliothek, München.
1. TA, um 1810 *. Gleiches Titelblatt, Verlagsangabe: *Bey Joseph Eder am Graben*. Verlags- und Platten-Nummer: *128*. Keine Preisangabe. Diese TA galt lange Zeit als Erstausgabe (s. Lit. *Weinmann, Tyson*). *Der Zustand der Druckplatten (Plattenrisse) verweist die Auflage in die Zeit um 1810. Bayerische Staatsbibliothek München.
2. TA, 1817. Gleiches Titelblatt. Verlagsangabe: *Wien, bey J. Bermann zur goldenen Krone am Graben*. Verlags- und Platten-Nummer: *128*. Preis: *2 fl.* Österreichische Nationalbibliothek, Wien, Sammlung Anthony van Hoboken.
Nachdrucke:
... *Oeuvre XIII. / à Vienne chez Hoffmeister & Comp: / à Leipsic au Bureau de Musique / Prix 16 ggf:* Platten-Nummer *92*. Leipzig 1802. Täuschend ähnliches Titelblatt wie in EA. Der neue Notenstich folgt der EA, mit Flüchtigkeitsfehlern. Beethoven-Archiv, Bonn.
1. TA: nach 1814. Gleiches Titelblatt, Verlagsangabe: *à Leipsic au Bureau de Musique / de C. F. Peters. / Prix 16 ggf:* Schumann-Haus, Zwickau.
Simrock, Bonn 1800. Verlags- und Platten-Nummer: *111*.
Naigueli, Zürich 1804. Zusammen mit Beethovens Revision der Sonate Es-Dur Opus 31 Nr. 3 in einem Heft: *11. Suite du Répertoire des Clavecinistes*. Kein Untertitel (*Grande Sonate pathétique*), keine Verlags- und Platten-Nummer.
Haslinger, Wien 1830. Verlags- und Platten-Nummer: *I. 7*.
GA: Breitkopf & Härtel, Leipzig 1864–1890.

Grave / Allegro di molto e con brio

T. 3, 4 Staccato-Keile in EA.
T. 9 O.S. 2. Viertel Zweistimmigkeit (*crescendo*-Wirkung) lt. EA.
T. 10 *p* lt. EA und ND. *fp* in ND Haslinger und GA.
|: *Attacca subito il Allegro* :| in Klammern (lt. Autograph, verschollen) und → EA.
T. 11 Wiederholungszeichen lt. EA und ND. Fehlt in ND Haslinger und GA, deshalb oft irrtümliche Wiederholung des 1. Grave.
T. 15, 16; 23, 24 und identische Takte: in EA und ND Staccato-Punkte über den Halben Noten. Beethoven schreibt über größere Notenwerte Staccato-(Trennungs-)*Striche*. S. Lit. *Fischer*.
T. 19 kein *p* in EA, ND Simrock, Hoffmeister. 2. Viertel *p* in ND Naigueli, Haslinger. 1. Viertel *p* in GA.

T. 27, 28 *rf*, T. 31, 32 *sf* in EA und ND Naigueli. Auf die ungenaue Wiedergabe von Beethovens handschriftlichen *sf* und *rinf.* weist *P. Mies* hin (s. Lit.).
T. 36 O.S. 4. Viertel es''– c''' in EA und TA. In ND Simrock fis''; ND Hoffmeister korrigiert *es''* deutlich in ♯ fis''. Alle ND bringen fis''.
T. 53 ff. Vorschläge ♪ in EA und ND Naigueli, Haslinger; ♪ in ND Simrock, ♪ in ND Hoffmeister.
T. 75 Kein *rf* in EA und ND Hoffmeister. *rfz* in ND Simrock, Naigueli; *sf* in GA.
T. 79 *rf* in EA, ND Naigueli; *rfz* in ND Simrock. F in ND Hoffmeister. Keine Angabe in ND Haslinger.
T. 83 U.S. Notation lt. EA und ND. GA und neuere Ausgaben fügen Terz c'' hinzu:

T. 89 O.S. authentische Stimmführung lt. EA und ND:

Stimmführung der GA und heutiger Ausgaben:

T. 99 O.S. Staccato lt. EA und ND.
T. 113 1. Viertel *p* lt. EA, ND Hoffmeister, Naigueli; *p* auf 2. Viertel in ND Simrock, Haslinger.
T. 121 1. Viertel *f* lt. EA, ND Hoffmeister, Haslinger; ND Simrock; *f* in ND Naigueli auf 2. Viertel.
T. 157 U.S. und T. 158 (eine Oktave höher) Plattenkorrekturen in EA. Ursprünglich:

T. 174 O.S. kein Trillernachschlag in EA und ND.
T. 175–178 ♭ vor a in ND Naigueli.
T. 187 U.S. Oktave G̲ – G lt. EA und ND; in ND Haslinger und GA nur G̲.
T. 277 kein *p* in EA, ND Simrock, Haslinger; *p* auf 2. Viertel in ND Hoffmeister und Naigueli.
T. 281 O.S. 2. Viertel keine Oktave in ND Simrock, Hoffmeister, Haslinger.
T. 285 *f* auf 1. Viertel lt. EA und ND Hoffmeister, auf 2. Viertel in ND Simrock, Naigueli.

Adagio

T. 1 *p* in ND Naigueli, Haslinger und GA.

T. 22 Vorschlag: kein ♮ vor d´ in EA.

T. 43 *sf* in ND Haslinger und GA.

T. 48, 50 U.S. Staccato-Keile, T. 49 Staccato-Punkte lt. EA; s. Lit. *Fischer*.

T. 48, 49 1. Viertel *rf* in ND Haslinger und GA.

T. 51 ff. Artikulation der Mittelstimme lt. EA.

T. 54 U.S. In EA Legato-Bogen ab 2. Viertel Es. Die Triolenbewegung erhält ein „Gegengewicht" durch den deutlichen Einsatz der Stimmführung im Baß.

T. 70–72 *rf* lt. EA und ND. Beethoven schreibt *rinf.* aus. Vorschläge: ♪ , und zuletzt verzögernd ♪ lt. EA.

RONDO
Allegro

T. 4, 5 U.S. Legato-Bögen nur auf 1. Halbe lt. EA und ND. Abgekürzte Schreibweise (𝄇 im Manuskript?) oder Betonung? In T.65, 66 und T. 124, 125 fehlen die Bögen.

T. 12, 14 Staccato-Striche lt. EA.

T. 32 O.S. Plattenkorrektur in EA. Ursprünglich:

T. 43 *p* auf 4. Viertel lt. ND Simrock. In EA, ND, GA *p* auf 1. Viertel T. 44.

T. 46 in EA und ND Staccato-Keile über den Halben Noten. Beethoven schreibt über größere Notenwerte Staccato- bzw. Trennungs-*Striche*. S. Lit. *Fischer*.

T. 49 *sf* lt. EA und ND, nicht in ND Haslinger. *f* statt *sf* in GA.

T. 61 *p* in ND Haslinger und GA.

T. 72, 73, 75 Staccato-Striche lt. EA.

T. 115 O.S. zweimal g″ statt f″ in GA.

T. 132 ND Haslinger ⎯⎯< . Kein *sf*

T. 133 ND Haslinger >⎯⎯ .

T. 163–166 O.S. siehe Faksimile. Die Vorzeichen der EA und ND ergeben ein anderes Klangbild, worauf mich Martin Heller, Hochschule für Musik und Theater München, aufmerksam machte. Die Lesart der EA und ND bringt das Pendeln der Töne ais´–h´ (T. 167 ff.) in Beziehung zur Enharmonik b´–ais´. Die Vorzeichen neuerer Ausgaben und der vorliegenden Neuausgabe folgen ND Haslinger.

T. 170/171 siehe Faksimile. *p* ist in EA und einigen ND nicht genau positioniert. Wird in T. 170 das 4. Viertel *G* als Auftakt interpretiert, sollte *p* darüber stehen.

T. 186 O.S. 1. Viertel Staccato in ND Simrock.

T. 199 1.Viertel *sf* in ND Haslinger und GA. Damit wird das *sf* in T. 201 vorweggenommen.

T. 208 4. Viertel *ff* in ND Haslinger und GA. In EA und anderen ND *ff* erst auf 1. Viertel T. 209.

T. 210 *fff* in ND Cappi und GA. *il fine* lt. EA.

Opus 13, *Rondo* T. 162 ff. 1. Titelauflage der EA Hoffmeister. Wien, ca. 1810.